PREMIERE LETTRE

A M. LE COMTE

DE MONTLOSIER.

Monsieur le Comte,

Je commence, en toute courtoisie, par vous accorder le titre que vous vous donnez, et je n'examine pas si votre comté est imaginaire ou réel, s'il y avait quelque part, au 13e. ou 14e. siècle, un fief et une seigneurie portant nom Montlosier, encore moins si vous descendez en droite et légitime lignée du fameux Renaud-d'Ast; ce qui serait néanmoins dans une assez belle harmonie avec toutes vos prétentions et imaginations féodales. Je vous prends pour ce que vous voulez, et je m'adresse à messire comte François-Dominique Renaud de Montlosier, ancien député de la noblesse d'Auvergne aux Etats-généraux de 1789, et dénonciateur juridique des congrégations, jésuites, ultramontains, et du clergé tout entier. Votre noblesse serait-elle moins illustre que vous prétendez; ce dernier titre est assez flatteur pour vous dédommager de reste, et vous avez, par-dessus tous les comtes et marquis de France, l'illustration.....du bruit et du scandale.

A dire vrai, Monsieur le Comte, au lieu du second

volume que vous venez de jeter comme une pâture à la malignité, de lancer comme un brandon tout propre à allumer de plus en plus le feu des passions, nous avions des motifs d'espérer de vous une rétractation formelle de votre production précédente. L'on disait que votre âme féale et féodale avait été alarmée des cris de joie poussés par les libéraux, qui vous prenaient, à bon escient, pour un des leurs ; que vous trembliez déjà de voir votre noble manoir de Randane envahi par les nouvelles tempêtes politiques que vous excitez, comme ont disparu, dans les premières, de plus hauts et puissans châteaux. On disait, et tout cela n'est pas sans témoins, que, dans l'effroi de tout ce que vous aviez produit, vous étiez allé trouver votre pasteur pour continuer votre confession ; qu'il vous proposait déjà la formule de vos amendemens ; que, baissant les yeux, vous reconnaissiez la noirceur de votre félonie, comme autrefois David, et que votre péché était aussi sans cesse devant vous ; que vous aviez même crié, du fond de votre cœur repentant : *Monsieur le Curé, je suis bien malheureux*¹ ce que personne ne vous conteste. Apparemment, monsieur le Comte, vous avez jugé, dans vos saintes dispositions, qu'une rétractation positive et littérale n'atteindrait pas entièrement votre but honorable ; que, quoique le public ait été accoutumé à vous voir changer de parti, de couleur, de nation même, on aurait peine à croire à l'expression si prompte et si rapide de votre désaveu ; et, par un trait d'esprit digne de vous, vous avez imaginé qu'en poussant à bout le délire de vos

accusations sans fondement, qu'en vous déclarant le dénonciateur (terme flétri) des hommes les plus vertueux
et les plus respectables ; qu'en supposant que de *saints
évêques, de bons prêtres et de vrais royalistes,* sont plus
dangereux à la monarchie que d'immenses armées con-
duites par Berton et le conspirateur de Colmar, assistées
des phalanges des Diderot, des Helvétius et des baron
d'Holbac; qu'en avouant, en outre, que vous touchez
à cet âge qui ramène l'enfance et sans doute la déraison, vous vous feriez passer décidément pour aliéné,
et que par là vous arrêteriez plus efficacement et plus
complétement le mal dont vous êtes l'auteur. Si telle a
été la résolution généreuse de votre repentir, je vous
en félicite : sans doute, vous n'empêcherez pas tout le
ravage produit par vos pages funestes, mais l'héroïsme
de votre humilité pourra peut-être vous attirer quelque
pitié de Dieu et des hommes.

Cependant, monsieur le Comte, vous eussiez pu at-
teindre l'ingénieuse fin que s'est proposée, je ne dis pas
votre piété, vous nous avez soutenu qu'il n'en fallait
pas, mais votre religion, votre christianisme, sans faire
précisément un chapitre de l'injustice et de la colère des
prêtres, parce que ceci peut encore tromper les faibles,
et leur faire croire que la classe ou, si vous voulez, la
caste du clergé, est une race d'hommes durs, méchans,
irascibles, impitoyables, quoiqu'on ne voie point où ils
pourraient puiser si particulièrement ces sentimens af-
freux ; ce n'est, certes, ni dans le bréviaire qu'ils ont
sans cesse entre les mains, ni dans l'évangile qu'ils feuil-

lettent constamment pour en instruire les peuples, ni
à l'autel où ils présentent la victime de miséricorde et
de bonté ; en sorte que c'est encore un pur jeu d'esprit,
et l'envie d'inventer des sujets piquans, qui vous a fait
écrire un chapitre sur l'injustice et la colère des prêtres, comme il vous a d'abord paru curieux, intéressant, de faire le livre de la conspiration du parti-prêtre,
conspiration qui compromet toute la hiérarchie, depuis
le vénérable Pontife Léon XII, grand conspirateur,
comme chacun sait, jusqu'au dernier congréganiste
des associations de la Sainte Vierge ou de saint Joseph.

Vous êtes bien malheureux, monsieur le Comte, ou
fort heureux, si vous aspirez sincèrement à la réputa-
tion de la folie, d'avoir cité, dans ce chapitre, un
Prélat que chacun révère et chérit pour sa bonté, sa
charité, son indulgence, son aversion de tout fiel et
de toute amertume : vous venez, il est vrai, nous le
représenter comme affaibli maintenant par l'âge ; mais
cette couronne de la vieillesse, qui orne sa tête et fait
sa gloire, n'est pas ce qui inspire les noires et colé-
riques pensées, les idées atrabilaires et furibondes : sa
bénignité a crû, en quelque sorte, sous ses cheveux
blancs ; sa mansuétude s'est augmentée avec ses années ;
et tous ses diocésains voudraient voir encore se multi-
plier ses jours, comme l'ont fait ses vertus ; ils le portent dans leur cœur, sans distinction d'âge, de rang,
de parti, féodaux ou libéraux, dévots ou indévots,
monsieur le Comte, parce qu'on ne peut s'empêcher
d'admirer ces impressions nobles et célestes que la vertu

laisse sur le front des mortels. Il est bien étrange que vous,.qui, de votre propre aveu, touchez à cette seconde enfance qui nous rappelle aux bonnes pensées, et qui *rend votre chair plus chaste*, vous alliez outrager votre propre évêque, celui à qui Dieu a donné le droit de censurer vos propositions téméraires, et l'insulter, dis-je, au sujet de ces longues années, dont Dieu a récompensé son mérite. Nou, monsieur le Comte, ce vertueux prélat, n'a pas besoin, comme vous, *de blanchir sa robe*, qui n'a jamais été chamarrée ni entachée de diverses couleurs ; et l'on s'étonne que vous n'ayez pas compris que sa vieillesse et ses vingt-cinq ans d'épiscopat, ne peuvent que rappeler les établissemens multipliés, les nombreux services, les bénédictions abondantes, les exemples inappréciables de charité, de générosité, de vertu, dont il n'a cessé d'enrichir et de féconder cette terre confiée à sa paternelle administration. Mais j'oubliais que vous aspirez à la folie ; c'est nouveau, mais c'est réel. *Trahit sua quemque voluptas.*

Vous dites encore que ce bon évêque tremble pour l'établissement de son petit séminaire de Billom. Comte, c'est vous qui tremblez ; il est en règle : une ordonnance lui permet l'érection de ce séminaire. Il peut y appeler les prêtres qu'il voudra choisir ; ces prêtres peuvent avoir la dévotion de se dire et de se croire jésuites, dominicains, franciscains, cordeliers, capucins, de pratiquer dans l'intérieur de leur chambre toutes les règles qu'ont laissées les divers patrons dont vous êtes

le client. Voltaire se fit capucin, au grand scandale de
d'Alembert. Ah! monsieur François-Dominique de
Montlosier, vous avez bien besoin de serrer aussi vos
reins de quelque cordon, et de vous coucher sur la
cendre, pour compenser un peu vos scandales, et mou-
rir en prédestiné.

D'un vénérable prélat, vous tombez, dans le chapitre
de la colère, sur un curé distingué, et vous êtes encore
malheureux ou heureux, selon vos intentions; car ce
pasteur, avec de rares talens qu'apparemment vous ne
contesterez pas, possède un esprit de douceur et de modération qui ne s'est point démenti, monsieur le Comte.
Vous vous étonnez qu'il soit monté de ces simples fonctions de missionnaire que vous estimez tant, au rang de
curé d'une grande ville, de vicaire-général, de prédicateur du Roi, de membre d'une société académique.
Si vous aviez voulu avoir votre esprit accoutumé, vous
n'auriez trouvé là que le mouvement, que la marche des
événemens et des circonstances auxquelles il faut bien
se soumettre, que des preuves de mérite dans celui que
vous censurez. Si vous-même, monsieur le Comte,
aviez été appelé à descendre de votre montagne féodale,
et sujette aux orages, et du milieu de vos boucs, de vos
chèvres et de vos engrais, pour être pair de France,
conseiller d'Etat, ambassadeur, ministre, je suis sûr que
vous eussiez envisagé tout cela comme très-conforme à
la raison, et propre au bonheur public; et nous sommes
tous portés à croire que vous vous estimeriez encore
capable de ces nobles emplois, malgré votre tendance

à la *seconde innocence*. Ne vous étonñez donc plus que dans la jeunesse, et dans une jeunesse grave et laborieuse, on puisse réunir plusieurs titres. Vous affirmez que Montrouge et M. Franchet ont promis l'épiscopat à cet ecclésiastique. Pourquoi faire, monsieur le Comte, avec votre esprit, des imputations fausses, inconvenantes, ridicules, et que jamais vous ne pourrez justifier? ces accusations étranges ne prouvent que l'embarras où vous êtes de répondre par des faits à des raisons, ne montrent que l'emportement et la mauvaise foi de l'écrivain ; mais je me fâche, monsieur le Comte, j'oublie encore votre systéme d'amendement ; il est permis sous la Charte, et avec la liberté constitutionnelle : suivez, suivez votre penchant, et, comme on vous l'a dit si vigoureusement, abandonnez-vous à l'avalanche de votre génie.

Vous ne vous en tenez pas à outrager des hommes *dignes cependant de votre vénération et de vos respects :* car votre logique et votre conséquence ne vont pas plus loin ; vous citez des faits, vous parlez de *scènes* qui auraient eu lieu à la cathédrale de Clermont, en preuve de la colère sacerdotale qui fait le sujet de votre chapitre. L'imagination de vos lecteurs étant encore toute frappée, tout ébranlée par les scènes véritables de la cathédrale de Rouen, par les tentatives d'étranglement du vertueux M. Lœvembruck, on croirait que quelque chose de semblable a pu se passer à Clermont. Français, rassurez-vous ! ces scandales ne se sont point répétés chez nous. Clermont est une ville sage, paisible et chrétienne, où l'on trouverait difficilement quelques hommes capables de se porter à de tels excès : toute la scène de Clermont se réduit à un discours sur l'unité dans la foi et dans la charité, qui n'a point été annoncé, Monsieur, comme vous le prétendez, plus solennellement que les autres, auquel on ne s'est point rendu avec plus d'affluence qu'aux autres, et où l'orateur, en finissant, a prémuni son troupeau contre la contagion des mauvais livres, contagion qui blesse et entame si criminellement cette unité. Sans doute, il n'a point excepté votre livre, monsieur le Comte, parce qu'il y en a peu d'aussi dangereux, d'aussi indécent, d'aussi funeste à la religion et à l'honneur de la France : le prédicateur ne vous a pas non plus nominativement désigné ; mais il a laissé à ses auditeurs de démêler ce qu'il y avait de plus pernicieux et de plus funeste dans toutes ces sources empoisonnées de l'esprit et du cœur, si imprudemment ouvertes aux générations nouvelles ; et si tout le monde, et vous-même, vous reconnaissez là-dedans, prenez-vous-en à vous, monsieur le Comte : *Habemus confitentem reum.*

Eh quoi! Monsieur, vous voulez, vous reconnaissez, vous adorez la religion de vos pères, car il n'est point question ici de dévotion, et vous ne voulez pas que les ministres de cette religion jettent le cri d'alarme quand ils voient les ennemis de la foi en saper les bases, en déversant le mépris sur les rites et les pratiques de cette foi, en appelant le déshonneur et la haine sur les hommes qui sont les dispensateurs de ses mystères! vous ne voulez pas que ces sentinelles vigilantes avertissent le camp du Seigneur de se tenir sur la défensive ; de rejeter le poison, de fermer l'oreille à la parole du mensonge ; mais l'apôtre S. Paul n'écrit-il pas qu'Hyménée et Alexandre ayant fait naufrage dans la foi, ont été livrés à Satan, afin qu'ils apprennent à ne point blasphémer ? Athanase ne s'est-il pas élevé contre Arius ? Augustin, avec toute la bonté et toute la tendresse de son âme, n'a-t-il pas crié contre les fureurs des donatistes et des circoncellions ? S. Jérôme ne faisait-il pas rouler le tonnerre de sa raison et de son éloquence sur les Vigilance et les Helvidius qui corrompaient la sainte intégrité de la doctrine ? Les Duperron et les François de Sales, n'ont-ils pas combattu les grandes hérésies du scizième siècle, mères de l'impiété du 18e et de l'indifférence du nôtre ? Quoi ! les serviteurs du temple seront des chiens muets, tandis que l'on envahira les portes de l'édifice, pour mettre le feu au sanctuaire ; et ils se laisseront égorger sans pousser un soupir et jeter un cri de douleur ! Pourquoi prenez-vous pour de la colère le noble plaidoyer de la vérité et de la vertu, la défense de droit naturel de ceux que vous accusez, que vous dénoncez, sans aucune preuve et contre toute raison ? Et quand bien même ceux que vous haïssez et vouez aux anathèmes des impies, feraient entendre quelques cris d'indignation, n'appartient-il, Monsieur, qu'à l'incrédulité de parler et d'écrire ; et l'enthousiasme, la vigueur des pensées et l'éloquence, ne seront-ils l'apanage que des méchans ?

Il n'y a donc point eu de scène à Clermont : le discours prononcé à l'église est imprimé par ordre du premier pasteur, et chacun peut le lire en France, comme celui sur le Jubilé, si rempli des expressions de l'indulgence, des sentimens de la miséricorde, et que vous avez si méchamment tronqué et si grossièrement insulté. On le répète, les scènes ont eu lieu à Paris, rue du Bac, où le digne M. Magalon a failli être assommé parce qu'on le soupçonnait jésuite ; et à Rouen, où il a suffi à M. Lœwembruck, que vous l'ayez désigné par l'initiale de son nom, et comme directeur de l'établissement de Saint-Joseph, mis cependant sous les auspices de notre bien-aimé prince Mgr. le duc de Bordeaux, pour que ce saint prêtre se soit vu sur le point d'être étouffé. Vous avez la main malheureuse, monsieur le Comte ; vous indiquez un homme, cela lui vaut la mort ; votre plume se change en un poignard ou en une corde, et après ces scènes tragiques, cette même plume écrit tranquillement sur la colère des prêtres.

Au reste, ces accusations et toute cette tactique ne sont point nouvelles et de votre invention. Voltaire, dont vous avez hérité, non pas le goût et les talens divers, à Dieu ne plaise que je me trompe à ce point, mais la fièvre irréligieuse, et je croirais la peur de l'éternité ; Voltaire, qui faisait dresser les procès-verbaux de sa foi pardevant notaire, au moment de vomir de nouveaux blasphèmes, comme vous avez soin d'aller hypocritement trouver un prêtre, au moment d'aller les dénoncer tous ; Voltaire, votre chef et votre modèle, ne cessait d'accuser de scélératesse, de méchanceté et de fureurs, tous ces hommes qu'il couvrait des flots de sa bile, tous ces abbés Guénée, Nonotte, Berthier, Lefranc, qui avaient l'audace de le contredire. Dans cette triste révolution que vous n'aviez pas encore épousée, monsieur le Comte, mais que vous caressez maintenant qu'elle a été répudiée par ses plus coupables amis, dans cette révolution désolante, on accusait aussi de conspiration.... les prisonniers, les victimes entassées dans les cachots comme les approvisionnemens de la mort; et quand ces victimes n'entendaient absolument rien, on disait avec un rire infernal et dérisoire, qu'elles avaient *conspiré* sourdement. Vos batteries ne sont donc point neuves; vous reprenez les vieilles théories de l'enfer, et vous venez après les autres voir ce qui reste encore dans les ordures et la boue de la calomnie.

Vous avez été un jour éloquent dans votre vie, et, chose à jamais étrange! c'est la religion que vous attaquez, ce sont ces prêtres et ces saints évêques que vous outragez, qui vous ont inspiré ce beau mouvement. Comme Caïphe, qui prophétisa sans le savoir, vous avez chanté à la louange de cette piété que vous deviez dénigrer plus tard. Vous êtes ensuite tombé dans le néant des écrivains d'un jour ou d'une semaine, et dans le rang de *ces pauvres diables de journalistes et de pamphlétaires*, que vous avez l'air de regarder en pitie, on ne sait pourquoi : on vous a payé pour écrire, on vous a payé pour vous taire, et cela ne vous a point tiré de l'obscurité profonde où vous étiez rentré. Vos monarchies du 1er janvier, du 1er février, que vous donniez pour étrennes à la France, étrennes que la France ne recevait pas, ne pouvaient point vous illustrer; vos rêveries féodales restaient de même inaperçues; enfin, comme Don Quichotte, vous avez résolu de vous faire *gardeur de troupeaux*, jugeant bien que vous n'aviez rien à prétendre aux gloires humaines. Mais, hélas! la retraite qui rend les autres hommes sages et prudens, vous a déçu; ces cheveux blancs qui conseillent les bonnes pensées, vous ont trahi; avant de dire adieu à la vie, vous avez voulu faire un peu de bruit dans le monde; votre mot fameux, votre seul héritage de la révolution, vous a averti que c'étaient les pensées qui se rattachaient à la religion chrétienne, qui laissaient le plus de traces dans le souvenir des hommes. Faire un apologiste de cette religion, eût été sublime! mais la place était prise; le plus riche génie de ce siècle avait ouvert par là son immortelle carrière; un autre avait fait tomber de la chaire les plus solides instructions pour ranimer la foi dans les cœurs jeunes et généreux. D'ailleurs, il faut de l'éloquence, et vous dites que vous n'en avez point, pour traiter comme il convient ces majestueux sujets. Peut-être même que votre cœur et votre chair qui ne se sont pas toujours, dites-vous, renfermés dans les saintes bornes de la loi, vous eussent rendu difficile le rôle de défenseur chaud et persuasif de nos célestes vérités : l'esprit parle tant comme le cœur! Cependant vous regardiez sans cesse de loin la religion comme l'objet qui pouvait, par sa popularité

et son empire sur les hommes, vous retirer un peu de
la foule. Qu'avez-vous conçu? de vous faire le dénonciateur de ses ministres, d'être le délateur universel de
tout ce qui travaille à la gloire de cette religion; pour
dénoncer il ne faut point d'éloquence. Il est vrai, cela
vous jetait tout naturellement dans le camp et dans
les bras des libéraux, vos ennemis; n'importe, c'était
un trait singulier de plus : quelques rubans de l'indé-
pendance, ornant la girouette du chevalier des siècles
ténébreux, voilà bien du nouveau, du romanesque,
voilà de quoi rendre fameux. O faim et soif de la célé-
brité! de combien de déplorables erreurs n'avez-vous
pas été l'origine?

Si vous avez voulu faire du scandale, Monsieur, vous
avez atteint, surpassé même votre but; votre nom re-
tentira comme celui de ces ennemis de l'Église qui lui
ont porté des coups douloureux. Un homme, comme
vous déserteur de son rang et ennemi de son ordre, a
jugé votre œuvre exagérée et sans convenance; on peut
être factieux, erronné, coupable, et rester encore bien
loin de vous dans la carrière. O Puy-de-Dôme! ô patrie
de Domat, de L'Hospital et de Pascal, imposante Li-
magne, si riche et si féconde en productions heureuses,
si célèbre dans l'univers par tes sites et ta beauté,
pourquoi ne nous produis-tu maintenant que des pu-
blicistes fougueux, que des brochuriers, ennemis des
distinctions et des pouvoirs, soutiens de la société, qui
ne parlent de religion que pour en relâcher les liens
et en flétrir les ordonnances; de royauté, que pour en

rabaisser la majesté auguste? Belle province! est-ce que tes volcans destructeurs te sont rendus? Vous nous en avez parlé, monsieur le Comte, de ces volcans d'Auvergne, secs et humides; vous en avez décrit les diverses qualités; je ne sais auxquels vous vous feriez le plus d'honneur de ressembler; mais il est, je crois, des feux cachés sous les neiges de l'hiver, plus redoutables à un État, que les flammes vomies par l'Etna et le Vésuve.

Je pense donc en finissant, Monsieur, que vous êtes moins coupable que votre dernier livre ne semble l'annoncer, parce qu'en vous faisant le dénonciateur de tous les hommes religieux et chrétiens, de tout ce qui tend à la gloire de Dieu et à l'accroissement de son règne, vous avez eu l'intention manifeste d'ôter toute créance à vos discours, et par là de réparer et d'anéantir autant que vous pouviez le scandale donné par vous en débutant; mais comme, malgré cette intention louable, il est encore dans votre livre des traits dangereux et dont on peut facilement abuser, je vous admets à la folie, mais en même temps je vous reconnais coupable, et je ne vous dispense point de demander pardon à Dieu et aux hommes de vos scandales. On a dit, M. le Comte, avec sagesse, que vous aviez beaucoup plus besoin d'une consultation de médecins que d'une consultation d'avocats; usez de ces remèdes curatifs; essayez des eaux et des adoucissans qui pourraient calmer le mieux l'irritation de votre cerveau, qui pourraient faire cesser cette obsession d'un esprit

malin qui vous fait voir partout et même à l'autel des
conspirateurs, comme autrefois l'éloquent et malheureux Rousseau croyait ne trouver partout que des
ennemis.

Mais en usant des remèdes corporels, comme le cœur
est ulcéré, comme l'âme est malade chez vous, croyez-
moi, c'est un ami de votre bonheur qui vous presse;
guérissez ce cœur par la contrition, calmez cette âme
par l'humilité, achevez votre confession si mal com-
mencée, profitez de l'année du Jubilé et du pardon,
qui n'est pas terminée, et faites éclater les miséricordes
infinies d'une religion qui, malgré vos outrages, peut
encore vous bénir et vous envoyer au ciel.

Je suis, monsieur le Comte, avec le désir de votre
conversion,

Votre très-humble serviteur,

Un de vos Compatriotes,

F. C.

CLERMONT, 22 juillet 1826.

A MOULINS, CHEZ P.-A. DESROSIERS, IMP.-LIB.

QUATRIEME LETTRE

A M. LE COMTE

DE MONTLOSIER.

MONSIEUR LE COMTE,

ENCORE, si en faisant une mauvaise action, si en dénonçant, vous chrétien et royaliste, le clergé et ses divers établissemens, vous aviez mis au jour des volumes ingénieusement et agréablement écrits, on vous blâmerait, mais on ne s'ennuierait point à vous lire ; on jugerait de vous comme de ces hommes qui se ruinent et se perdent, mais en donnant des fêtes et en se procurant dans le monde un certain honneur ; et les lecteurs qui pardessus tout s'attachent aux charmes de la diction et aux fleurs de la parole, ceux qui adorent le talent, tout en vous condamnant admireraient la vivacité et les ressources de votre talent ; c'est ainsi qu'en déplorant le triste usage que Rousseau a fait trop souvent de son beau génie, l'on est pénétré comme malgré soi de la chaleur de son style, frappé et charmé des tours variés et éclatans de son éloquence ; heureusement il n'en est point ainsi d'ordinaire, Monsieur le Comte, et en particulier, chez vous, cette séduction ne se rencontre pas ; non, les sophismes n'en fantent guères les belles pensées, elles viennent du cœur, dit Vauvenargues, et nous pouvons ajouter , d'un cœur droit; un poète fameux, qui semble avoir voulu se jouer de sa maxime, s'est écrié lui-même avec l'accent et la force de la vérité :

Un esprit corrompu ne fut jamais sublime.

La première idée d'un auteur qui travaille pour se faire des amis de ses lecteurs, et pour aller, s'il peut, en chercher dans la postérité, c'est de se choisir un sujet honorable , utile , intéressant et vrai : Boileau me fait rire, lorsqu'il dit d'un misérable écrivain :

O le plaisant projet d'un poète ignorant,
Qui de tant de héros va choisir Childebrant.

Mais quel sentiment plus prononcé de surprise et de blâme ne devez-vous pas nous inspirer, vous , chevalier français, vous, acteur dans ce dix-huitième et téméraire siècle, qui en finissant, semblait emporter avec lui la France ; vous, témoin de ces prodiges de ruine et de restauration, lesquels nous montrent si manifestement la nécessité d'honorer une religion , fondement et soutien des empires; et qui, déloyalement, allez remplir sept à huit cents pages de paradoxes, d'accusations, de mépris, de diatribes et d'injures contre les pratiques et les ministres en masse de cette religion, au risque manifeste de l'ébranler elle-même toute entière.

Examinons un moment le stratagème par lequel vous avez voulu, Monsieur, relever et couvrir ce que votre sujet avait de misérable, d'odieux, et qui n'a abouti qu'à donner à votre système une couleur de déraison et des traits de fausseté de plus.

Pour réveiller donc la France, vous avez crié que son péril était pressant, que tout allait choir, que vous n'en donniez tout au plus que pour deux ans (1); et personne ne vous a cru; personne n'a voulu céder à vos alarmes, se remuer à votre tocsin, se laisser aller à votre peur factice; il eût été pour vous, glorieux, M. le comte, après nos révolutions, de remplir votre patrie de terreur, pour correspondre à cette grande terreur panique à laquelle Mirabeau fit parcourir la France entière, et qui fut le prélude de tant d'épouvantes fondées, de tant d'effrois légitimes. Mirabeau et Mont-losier, je parle comme la postérité, ouvrant et fermant l'histoire de nos débats et de nos troubles politiques par la peur, et chez la nation la plus courageuse et la plus vaillante du monde, cela eût été piquant, curieux, mémorable. Par malheur, votre alerte a échoué; on a ri, nous le savons, et l'on a voulu vous dissuader : vos avocats de Paris, vos conseillers intimes eux-mêmes n'ont point eu de foi à vos prophéties : vous n'aviez pu recueillir que la dixme à peu près des jurisconsultes du barreau de la capitale assez disposée, je n'en doute pas, à reconnaître les torts et surtout les délits du clergé; car ceux qui disent : *la loi est athée*, et ce n'est pas encore assez, *elle doit l'être*, ne sont pas, que je sache, fort enclins à laisser prendre aux prêtres trop

____

(1) Denon. 2.

de latitude et de licence. Eh bien , ces amis, ces conseillers fidèles, en vous accordant que vous avez quelque raison envers les jésuites et la congrégation, parce que cela du moins a un corps, ont répondu que vous étiez un rêveur et un visionnaire dans ce qui regardait l'ultramontanisme, et l'envahissement, et le péril prochain de la France. A la nouvelle d'une déclaration si peu favorable pour votre système, on prétend que vous vous êtes écrié par une prosopopée sublime : Soleil, je te demandais des lumières, et tu ne m'envoyes que des ténèbres. Ainsi, vous n'avez convaincu personne de nos dangers, au moins de ce côté-là ; et votre cri dalarmes n'a été qu'un vain bruit qui s'est perdu dans les airs.

Selon le grand principe de Despréaux et de la Raison, que *rien n'est beau que le vrai*, que *le vrai seul est aimable*, vos livres, reposant sur l'erreur, l'invraisemblance, le mensonge ; ils manquent par la base et tout le talent imaginable ne saurait les soutenir.

Et cependant si la vérité, si cette lumière de l'âme, si ce radieux soleil des intelligences (s'il m'est permis de m'exprimer ainsi), si la vérité, dis-je, doit éclater quelque part, c'est bien sans doute dans des livres qu'on intitule *Dénonciation ;* c'est bien dans une accusation solennelle des hommes respectables et respectés qu'on trouve partout, depuis le conseil du souverain jusqu'au chevet du pauvre, des hommes qui vous instruisent, vous unissent, vous assistent, vous portent jusqu'au champ de la mort; c'est bien en venant dire : Chefs de famille, vos directeurs ; enfans, vos instituteurs ; malheureux, vos consolateurs ; hommes de tout état, vos pasteurs, sont des conspirateurs et des traitres. L'on a fait des mémoires touchans, admirables : Pélisson m'intéresse pour Fouquet ; Mauléon me fait frémir pour Calas ; M. de Lally m'attendrit en faveur de son père ; mais qu'ils étaient mieux inspirés que vous! qu'il est beau, qu'il est noble de défendre l'humanité, ou son propre sang! de se placer entre des infortunés dans les fers et la justice qui les menace ; d'employer, d'user son talent à restituer à ses semblables l'honneur, la paix, la liberté! Mais traîner des hommes vénérés à la barre des tribunaux, et quand on n'a aucune qualité pour le faire que celle de simple citoyen, ah! il faudrait, pour intéresser, cent fois plus qu'aux premiers, et de motifs, et de preuves, et d'éloquence.

Ce n'est pas tout d'avoir trouvé un digne sujet pour écrire, il faut en tracer le plan, en coordonner les diverses parties, arranger ses preuves et ses idées comme en ordre de bataille ; et ce sont les principes même de nos maîtres Cicéron et Quintillien. Qu'est-ce que l'éloquence, dit le premier, si ce n'est le mouvement continu de l'âme ? *Quid aliud est eloquentia, nisi motus animæ continuus ?* Il faut que tout s'étaye et se corrobore, surtout dans un acte d'accusation, et qu'il y ait un progrès et comme un fleuve de discussion qui entraîne. Or c'est ce qui vous manque totalement ; vous divisez bien par titres et par chapitres, parce que c'est l'usage et la mode des auteurs, et non par le besoin de votre matière ; vous traitez sous un titre et ce qu'il annonce et ce qu'il ne promet pas ; vous parlez de tout à propos de quelque chose ; vous feriez mieux d'intituler vos chapitres comme certains faiseurs de romans ; *ce qu'on saura quand on l'aura lu, ou ce qu'il est nécessaire de savoir :* aussi rien n'est plus difficile que de retrouver les passages qui, lorsqu'on vous lisait, ont fait quelque impression, parce qu'on ne peut deviner sous quel titre vous les avez rangés. On voit bien de plus d'une manière que vous avez écrit *ab irato*; la mauvaise humeur est irrégulière et désordonnée!

M. de Bonald, qui a voulu se justifier devant vous et devant la France d'être un conspirateur, a éprouvé le même embarras que moi pour vous combattre. « Le » moyen, dit-il, de suivre un homme qui dans sa mar- » che vagabonde se jette perpétuellement à droite et à » gauche, revient sur ses pas, brouille et confond » toutes ses voies, et ne remplit jamais en entier le ti- » tre qu'il donne à ses paragraphes. »

Assurément, Monsieur le Comte, tout en vous faisant ces reproches et d'autres qui auront leur tour, je suis loin de vous contester des moyens et de la capacité. Vous avez de l'esprit et de certaines connaissances, j'y souscris. Vous avez de l'esprit, et qui n'en a pas en France? Dans nos bonnes sociétés, les sots se taisent et écoutent; un étranger pourrait croire, au milieu de nos salons, que nous sommes un peuple de gens spirituels, diserts et même éloquens. Vous avez des connaissances, mais aussi, qui, en vivant un peu, et surtout dans un temps si plein de choses, n'a pas acquis quelque instruction. D'ailleurs nous verrons que cette science est assez souvent en défaut. La facilité d'écrire, et même de bien et agréablement écrire, est aujourd'hui commune et répandue; et, quand on la posséderait, il ne faut pas pour cela se croire appelé à être le précepteur et le censeur du genre humain.

Mais comment avec de certains talens avez-vous donc réussi, Monsieur, à faire des livres mauvais pour le fond, médiocres, rampans et ennuyeux pour la forme? C'est surtout parce que vous avez choisi votre sujet et que vous l'avez rempli avec vos passions, vos préventions, vos antipathies, votre amour-propre, votre ennui de n'être rien, votre colère apportée, vous le dites, à l'assemblée constituante, entretenue durant cette assemblée, et à laquelle vous n'avez pas renoncé encore. Or, toutes ces dispositions ne donnent guères le temps ni le goût de traîter gracieusement ce qu'on publie. Vous avez écrit comme on parle, comme on pérore avec ses amis; c'est-à-peu près ce que fait M. de Pradt, votre émule fameux; et sa conversion étant, dit-on, abondante, intéressante, brillante même, il ne doit avoir aucune peine pour enfanter ses livres ou son livre; car on dit que c'est toujours le même sous différens titres. J'ignore, Monsieur, si vous avez quelque chose de sa causerie facile et sémillante, mais je vous assure que telles choses sont supportables, agréables même par le prestige de la présence et du débit, et qui froidement jetées et fixées dans un volume, quand nous avons tant de bons et beaux livres, sont souverainement pitoyables.

Il faut bien prouver mes assertions, mais je vais le faire. Prenons presqu'au hasard dans le Mémoire; la dénonciation aura son tour.

Pour faire sentir le *contresens des véritables défenseurs du Roi, de la religion et de la société* (1), en vous *supposant leur zèle et leur talent* (en vous supposant est fort bien dit), vous allez trouver l'empereur de Russie et vous l'engagez *à persuader à son peuple, à ses officiers, à ses courtisans, de renoncer à toutes leurs habitudes, et de cesser d'être Russes ;* l'empereur vous écoute ; tout le monde cesse d'être Russe; *mais cet admirable système ne réussit pas ;* vous allez en Angleterre *proposer au roi de se mettre sous la protection du Pape;* on l'essaye, et *cela ne réussit pas non plus ;* vous courez dans le petit royaume de Saxe dire au souverain : « Comment! un roi catholique au milieu » d'un peuple luthérien et avec des ministres luthé- » riens ! Sire ! il faut changer cet état de choses; au lieu » de vos ministres luthériens, faites-moi bien vîte venir » M. de Marcellus, M. de Bonald, M. de la Mennais, » pour les remplacer. Cette fois, mes conseils ne sont » pas suivis, et la Saxe est conservée. »

C'est en vérité bien la peine de courir et tant et si loin pour proposer des choses si absurdes! Qui fera jamais à la Russie et à l'Angleterre de semblables propo-

---

(1) *Mém,,* p. 139.

sitions? Quant à la Saxe, cet article est singulièrement flatteur pour M. de Marcellus et ses nobles amis. Vous ne mettez ici, il est vrai, que l'initiale de leur nom; mais comme ailleurs vous les accolez tous les trois et en toutes lettres, ce n'est en ce lieu un secret pour personne. *Les Bonald*, dites-vous, *les Marcellus, les La Mennais de la génération qui va suivre, ressembleront-ils tout à fait à ceux d'aujourd'hui* (1)? ce qui veut clairement dire, ne seront-ils pas encore pires que ceux-ci? Ainsi la pauvre petite Saxe est sauvée, parce qu'elle n'a point des hommes comme ces illustres personnages pour l'administrer. Comme si son roi, en prenant des ministres catholiques, renverserait de toute nécessité l'État; comme si Frédéric-Auguste, son électeur, en se faisant catholique, l'an 1697, ce qui était bien plus grave, l'avait renversé; comme si le roi des Pays-Bas, protestant, avec des ministres protestans, n'a pas la moitié de son royaume catholique et qui ne se révolte pas; comme.... Mais continuons.

» Me voici (2) de retour en France. O l'heureux
» pays! Que désirez-vous? que voulez-vous? est-ce du
» jésuitisme? nous en sommes pleins; est-ce du galli-
» canisme? en voilà; de l'ultramontanisme? encore
» mieux. Cela révolte une bonne partie de la France;
» elle s'y fera. Un bon nombre de royalistes bien dé-
» voués, bien ardens, bien bêtes, soutenus par un autre

---

(1) *Mém.*, p. 285.
(2) *Ibid*, p. 141.

» bon nombre de royalistes pleins d'esprit, de vertus
» et d'absurdités, réunis sur beaucoup de points, se
» partagent sur un seul ; savoir s'il convient d'ôter plei-
» nement la couronne du Roi de France pour la donner
» au Pape, ou s'il ne faut pas les faire monter l'un et
» l'autre sur le trône et les faire régner ensemble. »

En vérité, y a-t-il un mot de sens dans tout cela?
Par là même qu'il y a en France du gallicanisme et de
l'ultramontanisme, il s'ensuit que chacun est maître
d'avoir son opinion; que le gouvernement ne tour-
mente personne à ce sujet, comme vous le voudriez,
Monsieur le Comte, et qu'on redoute peu les disputes
de ce genre qui ont toujours existé. *Du gallicanisme,
en voilà ; de l'ultramontanisme, encore mieux !* Mais
il faut bien avoir l'un ou l'autre ; est-ce que tout ce
qui tient au catholicisme vous est odieux? Qu'est-ce
encore que ce bon nombre de royalistes bien *dévôts* et
bien *bêtes*, comme si la dévotion était la compagne in-
séparable de la bêtise, soutenus par un autre bon nombre de royalistes pleins d'esprit, et cependant d'absurdités, qui ne sont embarrassés que sur un seul point,
savoir s'il faut détrôner le Roi tout à fait, ou ne lui ra-
vir que la moitié de son trône? Ceci a-t-il un autre
nom que celui de pasquinade? Les royalistes veulent-
ils ôter la couronne à Charles *le bien-aimé*, comme
vous faites de votre propre autorité tomber par terre
celle de Charles *le Chauve?* Veulent-ils qu'on partage
son trône entre l'un et l'autre pouvoir, quand ils ne
cessent de crier que le spirituel doit être distinct du

temporel ; tandis que c'est vous qui confondez et qui mêlez tout pour soumettre l'autorité ecclésiastique au pouvoir politique, ou plutôt à votre jugement superbe. Encore une fois, y a-t-il de la raison, de la vérité, de la convenance dans ces idées ? et n'avez-vous pas oublié les rudimens de l'art d'écrire ?

> Aimez donc la raison : que toujours vos écrits
> Empruntent d'elle seule et leur lustre et leur prix.

Allons plus loin : « Les prêtres, portés comme au- » jourd'hui dans les académies, dans les colléges, dans » les conseils d'Etat, dans les corps politiques, est-ce » ma faute, s'ils y sont déplacés ? De jeunes élèves en » chimie et en médecine se sont pris à rire lorsqu'ils » ont vu arriver dans leurs amphithéâtres des ecclésias- » tiques en soutane ; ils auraient bien plus ri, s'ils y » étaient venus en surplis. Monseigneur, vous venez de » quitter la chaire de *Vérité ;* vous nous y avez prêché » les *vérités* les plus austères ; actuellement vous voilà » dans le salon des ministres, jouant avec votre croix » d'or, donnant la main aux dames. Comme c'est gra- » cieux ! comme c'est joli ! Fi donc ! »

Absolument vous ne voulez pas que les ecclésiasti-ques appartiennent à des académies. Vous eussiez effacé d'un seul trait de plume Bossuet, Fénélon, Massil-lon, du tableau de l'Académie française ; et encore mieux, le cardinal de Richelieu, son fondateur. A vo-tre avis, les abbés Huet, Bignon, de Polignac, Barthé-lemy, ne pouvaient, sans inconvénient et sans incon-venance, faire partie de celle des Inscriptions et Belles-

Lettres? *Portés aujourd'hui dans les académies.* Quoi! cela ne s'était jamais vu? A qui parlez-vous donc, Monsieur le Comte? est-ce aux ignorans bergers de *vos montagnes du Puy-de-Dôme?*

Vous pensez que les prêtres sont déplacés dans les académies; je m'en vais dire aussi ce que je pense : c'est qu'un homme qui conçoit, qui raisonne, qui écrit comme vous, c'est que le dénonciateur de trente-six mille Français, qui ne prouve rien, ne doit point présider des académies. Espérons que celle de Clermont, pour son honneur, se ravisera à la première occasion.

Mais voici qui est plus curieux : *Portés comme aujourd'hui dans les colléges!...* Quoi! c'est d'aujourd'hui encore que les prêtres sont entrés dans les colléges! c'est apparemment par la brèche que fit la révolution à ces établissemens précieux que les prêtres s'y seront introduits! Eh ! n'entendez-vous pas, Monsieur, presque tous les conseils-généraux de départemens et tous les vrais pères de famille demander vivement pourquoi il n'y a pas davantage de ces prêtres dans les maisons d'éducation publique ; solliciter à grands cris pour l'instruction des corporations religieuses; et vous voudriez faire sortir des colléges les prêtres qui s'y trouvent? Réfléchissez-vous quand vous écrivez? votre plume ne marche-t-elle pas au hasard et comme d'elle-même? Passe encore d'être fâché de voir des prêtres et des évêques dans les conseils d'État et dans les corps politiques; ils y remplissent des places qui pourraient convenir à d'autres : mais les colléges, Monsieur, les colléges! avez-vous le désir d'aller régenter les petits enfans, pour envier aux prêtres ces fonctions pénibles autant qu'utiles et modestes?

Vous dites que des jeunes gens, à l'amphithéâtre, ont ri à la vue d'ecclésiastiques, et qu'ils auraient bien plus ri si ces ecclésiastiques y fussent venus en surplis : puisque vous étiez en train, pourquoi ne pas ajouter : et encore plus, s'ils étaient venus en chappe, avec la croix, la bannière, et faisant la procession. Dans les hypothèses, il faut aller au plus fort et au plus grotesque : l'on ne vous sait pas gré de cette modération.

Pourquoi ne voulez-vous pas, Monsieur, qu'un évêque puisse se trouver dans le salon d'un ministre? Cela serait-il aussi un usage d'aujourd'hui? Bossuet ne voyait-il jamais Louvois et Colbert? Quoi! nos prélats n'iront pas même chez le ministre des affaires ecclésiastiques? Pourquoi supposer que ces évêques jouent avec leur croix d'or et donnent la main aux dames? Y a-t-il dans tout cela l'ombre d'esprit et de décence? Comme c'est gracieux! comme c'est joli! Ah! que je serais tenté d'ajouter aussi : *Fi donc, Monsieur le Comte!*

Veut-on connaître votre goût parfait, votre heureux choix des expressions et des exemples, qu'on cherche à la page 33 du *Mémoire à consulter*.

Votre dessein est de montrer que, sans aucune intervention de la religion et des lois, on obtient les observances les plus difficiles, et qu'avec cette entremise, très-souvent on n'obtient rien ; ce qui, comme on voit,

est tout à fait édifiant et fort avantageux à la religion ,
car la dévotion n'y est pour rien.

» Je citerai, dites-vous, à cet égard , quelques exem-
» ples. Retiré dans un village de la Suisse, je vois sor-
» tir régulièrement de chaque maison des pots de lait
» qu'on apporte à une maison commune pour une fabri-
» que des communes. Un registre exact est tenu chaque
» jour de *quotités versées*, et chaque maison reçoit fina-
» lement *sa quotité correspondante en fromages*. Dans
» une telle administration où la fraude est si facile,
» comment n'en voit-on pas des exemples? Jamais.

A cette question : *En voit-on souvent des exemples?*
jamais eût correctement répondu ; mais, comment n'en
voit-on pas des exemples? suivi de *jamais*, est bien
plus neuf.

» Je vais en Allemagne. A Iéna et à Gotha, les di-
» recteurs des musées me montrent, comme objet de
» curiosité, un squelette de loup. Comment, Monsieur,
» dans un pays couvert d'oies et de moutons, vous
» n'avez pas de loups? *Nous en aurions bien*, *si nous*
» *voulions;* mais aussitôt qu'il en paraît un, la con-
» trée entière s'émeut, il n'y a pas de repos jusqu'à ce
» qu'il soit détruit. »

Nous félicitons de bon cœur la Suisse d'avoir abon-
dance de fromages, et la Saxe de n'avoir pas de loups ,
sans l'intervention des lois et de la religion , quoique
nous pourrions soutenir que les bons suisses doivent
beaucoup de leur antique probité à la conservation du

christianisme. M. de Montlosier va de là en Italie. L'I-
talie est catholique : pourrait-il y avoir des mœurs!
» Il ne manque là ni de missionnaires, ni de croyance,
» ni de gendarmes, ni d'établissemens religieux (re-
marquez comme les gendarmes sont habilement pla-
cés entre la croyance et les maisons religieuses). « Mal-
» gré tout cela, on enlève en plein jour une jeune fille
» qui puise de l'eau à la fontaine, et il n'y a pas la
» moindre rumeur dans le village. La profession de
» voleur n'est point un objet de honte; quelquefois
» elle est honorée ; et, dans certain canton, un com-
» missaire de police a assuré qu'une honnête fille ne se
» permettrait pas d'épouser un jeune homme, s'il n'a-
» vait pas au moins pendant deux ans exercé la profes-
» sion de voleur (1).

Le but, les raisonnemens, les citations, le style,
tout dans ces passages, n'est-il pas d'un écrivain distingué ?

Vous en revenez, Monsieur, encore aux loups. Les
bergers y pensent souvent.

Les loups sont, en général (et pas en particulier?),
» d'assez mauvaises bêtes. Ils dévorent les moutons, les
» chiens, quelquefois les bergers; et cependant quel-
» quefois j'ai rencontré dans des maisons particulières
» de jeunes louveteaux tout à fait familiers. Ces louve-
» teaux tout jeunes vous caressent, vous lèchent. Lais-
» sez-les grandir ! Rois de l'Europe! L'institution des

---

(1) *Mém.*, p. 237.

» Jésuites vous lèche aujourd'hui ; laissez-la arriver à
» la puberté, laissez-la développer son véritable carac-
» tère ! »

Voilà une image tout à fait brillante : l'institution
des jésuites qui lèche les rois de l'Europe! et cet art de
mêler avec les rois, dans un court paragraphe, les
loups, les mauvaises bêtes, les louveteaux, les chiens
et les moutons, tout n'est-il pas d'une rare délicatesse ?

Veut-on un article à la fois bien moral, bien pensé,
bien écrit ; le voici :

» Vous aurez (1) continuellement à combattre ceux
» qui, pour s'emparer de la domination, vous disent
» d'abord *doucement* que la morale fait la société, pour
» vous dire ensuite plus hardiment que la religion fait
» la morale. Non, la morale ne fait pas toujours la so-
» ciété ; quelque chose, comme de la société, peut s'é-
» tablir chez des brigands ; même si les hommes venaient
» à s'abrutir, il pourrait s'établir parmi eux une société,
» ainsi qu'on le voit chez les animaux. D'un autre côté,
» en principe rigoureux, on ne peut pas dire que la
» religion fasse la morale ; on peut dire tout au plus
» qu'elle lui sert de base. »

Pourquoi avancez-vous, Monsieur, que c'est pour
s'emparer de la domination qu'on soutient que la morale fait la société ? N'est-ce pas une fureur inouie que
d'aller trouver du venin aux maximes les plus belles
et les plus profitables à l'humanité ? Pourquoi préten-

______

(1) *Mém.*, p. 252.

dez-*vous* encore qu'on répand cela *doucement*, quand c'est tout haut et avec force qu'on le proclame ; et certes on a vu ce que devenait un peuple à qui l'on avait ôté la morale. Les plus célèbres philosophes de l'antiquité, Platon, Plutarque, Cicéron, Sénèque, disent qu'il n'y a point de société sans bonnes mœurs et sans religion ; ces hommes étaient apparemment les jésuites de ce temps-là ; mais Diderot, qui certes n'en était pas un, soutient les mêmes principes, et encore dans l'encyclopédie ! Quels exemples allez-vous chercher pour nous peindre la société ? c'est aux brigands que vous nous renvoyez pour montrer que nous avons tort de fonder cette société sur la morale et la religion. Vous citez aussi les animaux qui, bien certainement, ne sont pas susceptibles de religion et de morale ; c'est au milieu de vos pâturages que vous dîtes : Hommes, ouvrez les yeux ! voyez ici vos modèles ; et certes, Rousseau se contentait, et avec quelle autre éloquence ! de nous adresser aux sauvages, sans nous confronter avec les brigands et les animaux. En vérité, Monsieur, vous rappelez bien le mot d'un prophète : *L'homme étant comblé d'honneur ne l'a point compris ; il s'est comparé aux bêtes brutes qui paissent l'herbe, et il leur est devenu semblable.* Je ne dis rien de cette subtile et bisarre idée, que la religion ne fait pas la morale, mais que tout au plus elle lui sert de base, comme s'il n'y avait point, après cette belle distinction, les mêmes motifs de la prêcher, de la pratiquer, de la respecter au moins.

Ce n'est pas, au reste, le seul endroit de vos tristes

livres où vous débitiez cette philosophie abjecte ; vous dites encore (1) : « La morale se trouve dans l'homme » par cela seul qu'il a été créé à l'image de Dieu ; *ce* » *n'est pas assez* ; il s'en retrouve quelque chose dans » les animaux eux-mêmes, en ce que, par des raisons » que j'expliquerai ailleurs, ils ont été créés à l'image » de l'homme. »

Le livre où vous exposerez cela est, avec raison, appelé par vous *Mystères de la vie humaine.* C'est vraiment un mystère inexplicable, qu'un homme, élevé à l'école sublime du christianisme, fasse créer les animaux à l'image de l'homme, créé lui-même à l'image de Dieu ; et vous voyez, Monsieur, où conduit naturellement cette échelle. Ah ! quel supplément curieux ne nous promettez-vous pas aux premiers chapitres de *la Genèse ?*

Mais quelle est donc aussi, Monsieur, cette fureur de nous parler continuellement de loups, de chiens, de moutons, d'oies, de bêtes, d'animaux ; on peut s'être fait *gardeur de troupeaux ;* c'est un état comme un autre ; mais quand on s'adresse à la France et aux ministres, et aux rois, il faut ennoblir un peu sa langue et se créer d'autres images.

J'ai commencé à parler de la *Dénonciation ;* il faut que nous voyons si votre goût et votre style se seront perfectionnés entre les deux publications de vos livres.

Vous ne me ferez pas long-temps chercher : votre

____

(1) *Dénon.*, p. ix.

postscriptum, qui en contient un second et qui est plutôt un *ante scriptum*, fournit lui seul assez d'exemples curieux ; en voici un sur les missionnaires :

« Certainement (1) il vaut beaucoup mieux être tout
» miel et *tout lait*, que d'avoir, comme le commun
» des hommes, du sang et de la chair. Mais à moins
» d'être parfait *comme notre Père céleste est parfait*,
» le moyen de tenir à la rage d'une classe d'hommes
» qui pourraient si facilement et *si utilement* aller exha-
» ler leur feu chez les *payens des nations étrangères*, et
» qui préfèrent porter l'incendie au milieu de nous. »

Y a-t-il de la décence à citer l'évangile, et encore le Père céleste, dans une bouffée toute de colère ? Pourquoi attribuer de la rage à des hommes qui ne vous ont jamais rien fait, sans doute, ni en bien, ni en mal ; à des hommes qui portent la parole de Dieu, et réconcilient les âmes ; et s'ils sont remplis de rage, et s'ils ne propagent que l'incendie, pourquoi, Monsieur, les renvoyer aux payens pour leur être *utiles*. La rage et l'incendie sont nuisibles partout.

« On me dit (2) : Vous n'aimez pas les missions, parce
» que vous n'avez pas la foi. Si je n'ai pas la *foi*,
» au moins ai-je deux ou trois *fois* par jour quelque
» chose qu'on appelle la faim. Allons, Monsieur, venez
» manger, non à votre heure, dans votre salon, selon
» vos habitudes et le sentiment de vos besoins, mais à
» une gamelle générale, à l'heure et de la manière

____

(1) Pag. xli.
(2) Pag. xlv.

» qu'il nous plaît de fixer. Sans cela, vous allez être
» réputé malade et comme tel, malgré que vous en
» ayez, traité par les médecins. »

 Je ne veux faire de remarque ni sur la foi et la faim
que vous avez deux ou trois fois, ni sur la noble gamelle, ni sur le traitement des médecins : indispensable
à qui ne fait point sa mission : il suffit de copier de
pareils traits pour en montrer le ridicule ; la lecture
en est la critique.

Et ne dites pas que toutes ces étranges, inconvenantes, irréligieuses paroles se trouvent dans un postscriptum écrit à la hâte ; je vous répondrais comme
Alceste : *Le temps ne fait rien à l'affaire.* Permis à vous
d'écrire grossièrement vos idées ; mais ne les adressez
pas à un écrivain comme M. de Bonald, aussi remar-
quable par sa politesse que par sa rare doctrine ; mais
ne leur faites pas courir la France entière, et ne dénoncez pas d'autres hommes, en traçant vous-même
votre acte d'accusation.

 Voilà un paragraphe qui est du corps de l'ouvrage,
et qui, peut-être, surpasse en déraison tout le reste.
Vous dites (1) « Que si on veut y faire attention, on
» découvrira, qu'à l'exception de saint François de
» Sales, à qui on veut bien pardonner, ce ne sont pas
» ceux de nos orateurs chrétiens les plus renommé
» par leur douceur qui ont obtenu le plus de faveur[s]
» et vous pourriez citer, à cet égard, *Fénélon* et *Mas-*
» *sillon.* » Massillon n'a point de faveur comme orateur

chrétien!!!... Vous citez encore le *Génie du christia-*
nisme : « Lorsqu'on me rapportait, dites-vous, la ma-
» nière dont en France Pie VII et ses cardinaux en
» parlaient dans leurs conversations familières, je ne
» pouvais revenir de mon étonnement. C'est que plus
» que tout autre ouvrage au monde, cet ouvrage fait
» aimer le christianisme. *Aimer*, c'est ce qu'à tout prix
» on ne veut pas. »

Comment? le Pape et les cardinaux ne veulent pas
qu'on aime le christianisme! C'est la raison pour laquelle ils n'ont point accueilli *le Génie!* Peut-on pousser plus loin l'abus des pensées et des mots; et ne serait-
il pas permis de croire que c'était en écoutant de tels
jugemens, que l'ingénieuse Sévigné disait qu'on croyait
voir les barreaux devant les visages?

Veut-on un exemple d'obscurité et de gallimáthias?
le voici : *(p. 98.)*

« Ces institutions fixes, liées à des doctrines fixes, et
» ayant en vedettes, pour les infractions accidentelles,
» des lois particulières en harmonie avec les institutions
» et les doctrines ; c'est ainsi que s'établit et se gouverne
» un peuple. »

En veut-on encore? *(p. 178.)* « Qu'on ne me de-
» mande pas si, dans l'ordre naturel, je crois aux pres-
» sentimens. Tout ce que je puis dire ; c'est que, dans
» l'ordre de la Providence, je crois aux avertissemens. »

Mais que n'aurais-je point à dire, si je voulais tout
relever? Il me faudrait vingt lettres comme celle-ci. Je
n'ai rien dit (*Mém.* p. 53.) de cette couleur de blanc

rosé dont on peint le Grand-Commun de Versailles, *à l'intérieur comme à l'extérieur,* et qui blesse votre vue, parce que *le général en ehef de Saint-Joseph* doit s'y réunir avec huit ou dix mille ouvriers, comme dans son quartier-général ; (*p.* 31.) de cette assertion bizarre, que le grand Bossuet, à raison *de l'élévation de son caractère*, ne devait jamais être cardinal, comme si d'Ossat et saint Charles Borromée, Ximènes et Richelieu, et tant d'autres cardinaux, n'avaient point eu de l'élévation dans le caractère; (*p.* 55.) du sacre de Bonaparte, que vous citez en preuve de l'esprit d'envahissement du Pape sur le temporel ; (*p.* 67.) de la religion sans prêtres pendant la révolution, et qui, cependant, n'a point péri; (*p.* 81.) de la séduction des prêtres, mise si décemment en regard avec la séduction des femmes ; (*p.* 288.) des crimes des jésuites, mis en parallèle avec les crimes des jacobins; (*p.* 123.) de la Charte, *qui n'a aucun service ni aucun serviteur auprès d'elle*, (*Dén.*, p. 110.) et qui aurait bien besoin du secours de votre bras puissant pour se soutenir; de cette singulière et choquante idée, en parlant de l'assemblée de 1682 : *La difficulté était de régler les droits du souverain Pontife, qui n'était pas même appelé aux débats ;* (*p.* 112.) comme si des enfans pouvaient songer à régler les droits de leur père, comme s'ils pouvaient l'appeler à des débats ; de l'inconcevable imagination que l'assassinat de Fualdès peut avoir été déterminé par quelque engagement du genre de ceux que prennent les jésuites; (*p.* 23.) de ce trait si piquant et si pathétique : Hommes de Cour, punissez-moi de ce que je vais dire ; hommes d'honneur, punissez-moi de ce que je vais taire, car je vais manquer à mes devoirs (*p.* 132.), etc., etc., etc.

Que ne pourrait-on dire encore de ces locutions si rampantes et si habituelles : *point du tout*, *de tout point*, *encore et encore*, *le respect dissous*, *les conséquences habilement filées ;* et que penser du style d'un écrivain qui, dans un sujet sérieux, trace à chaque instant ces mots de gamelle, de mandrin, de bêtes, de chenapans, de gardeur de troupeaux, de menets, sans que le lecteur y fasse presqu'attention, tant tout cela est en rapport et en harmonie avec le ton ordinaire de l'ouvrage?

J'ai dit que votre science était assez souvent en défaut ; J'ai cité l'exemple de Charles *le Chauve ;* en voici d'autres. Vous avancez que lorsque l'armée de Soliman (1) était sous les murs de Constantinople, on disputait avec chaleur dans cette ville pour savoir si la lumière du Thabor était créée ou incréée. Ce ne peut être Soliman Ier, qui n'approcha de Constantinople, en 1410, que pour implorer la protection de Manuel Paléologue ; ni Soliman II, qui n'a vécu que long-temps après la prise de la capitale de l'empire grec par les Turcs; c'est Mahomet II que vous deviez dire, et il est assez connu pour qu'on ne dût pas s'y tromper. Cette lumière du Thabor me rappelle aussi que vous dites un peu plus bas que vous avez lieu de croire qu'on ne s'en occupe

_____

(1) *Dén.,* p. 89.

pas chez M. Lafitte ni chez aucun banquier de Paris, ce que vous faites bien de nous apprendre, car peut-être nous y serions-nous trompés. Mais voilà encore un plus bel anacronisme : « Jamais, dites-vous (1), les » Hébreux n'ont donné leurs livres en communication. » *Dans les derniers temps de Rome*, lorsque, par ordre » *impérial*, ces livres furent livrés à la traduction des » *septante*, ce fut dans la nation juive une douleur et » un deuil universel. » Quoi! Monsieur, c'est dans les derniers temps de Rome, et par un rescrit impérial, qu'eut lieu la traduction des Septante! Nous avions tous appris qu'elle se fit sous Ptolémée Philadelphe, qui monta sur le trône d'Egypte 285 avant J. C., et, par conséquent, près de trois siècles avant qu'il y eut des empereurs à Rome : on trouve ceci partout, chez Bossuet, Rollin, Petau, etc., et vous rappelez bien le mot du médecin : *Nous avons changé tout cela.* Tout le monde sait qu'il y a des empéchemens dirimans au mariage religieux des catholiques; et vous voulez que les pasteurs n'en tiennent aucun compte. (2) « Je pense » que les mariages ne doivent être contractés que par » l'entremise des prêtres : cela ne veut pas dire que le » prêtre est autorisé à faire les recherches sur le con- » sentement ou sur l'état des parties; tout cela est l'of- » fice du maire. » Personne n'ignore le nom de Monseigneur Duvoisin, évêque de Nantes, théologien et

---

(1) *Dén.*, p. lvij.
(2) *Ibid*, p. 158.

écrivain distingué dans ces derniers temps, et vous vous obstinez à ne l'appeler partout que M. Voisin; ce sera sans doute une faute d'impression. Voltaire criait beaucoup contre les protes qui introduisent une foule de noms étrangers, de fausses dates, et de singularités dans les livres.

Vous faites dire à saint Paul, pour vous l'appliquer à vous-même (car avec la belle doctrine que nous avons vue, vous vous comparez sans cesse aux pères ou aux apôtres), vous lui faites dire (1) : *Dulce est contumeliam pati.* Saint Paul n'a écrit cela nulle part; vous avez tout confondu; c'est saint Luc qui dit, aux Actes des apôtres : *Ibant gaudentes quoniam digni habiti sunt pro nomine Jesu contumeliam pati;* et c'est ce qu'au souvenir de vos outrages, les prêtres pourront aussi se répéter.

Sans doute voilà des fautes, et de nombreuses fautes contre le goût, la correction et l'élégance du style, la vérité historique et philosophique; mais ce dont je ne puis donner une idée dans cette analyse, c'est la mortelle prolixité de vos argumens et de vos preuves prétendues; c'est le défaut d'enchaînement de vos idées, c'est ce vague de discours, qui ressemble à celui des déserts, et fait qu'on ne sait, d'ordinaire, où l'on se trouve et où l'on nous force de marcher; c'est ce brisement continuel du fil logique, qui nous rend semblables à ceux qui, dans un labyrinthe, auraient perdu le

____

(1) *Dén.*, p. 50.

4

fil qui doit ramener leurs pas. Aussi se sent-on souvent saisi d'impatience et d'ennui en vous lisant, et surtout en lisant les deux dernières parties de votre second volume ; l'on croit toujours trouver quelque chose, et l'on s'enfonce dans les landes stériles de l'expression et du raisonnement ; et les preuves que vous aviez annoncées reculent sans cesse jusqu'à la fin et au-delà. Vous avez quelquefois de la facilité et de la grâce : J'ai cité un de vos fragmens les plus agréables dans l'invitation que vous faites aux prêtres de venir à votre montagne, et d'y rompre votre pain noir ; mais ce passage, et les autres qu'on pourrait lui comparer, sont des hors-d'œuvre dans votre système de dénigrement et de déclamation contre le clergé. Dans tout ceci, vous êtes dur, vulgaire, incorrect, diffus, sans grâce comme sans dignité ; votre sujet vous a porté malheur. Vous vous excusez en disant (1) : Je ne suis ni ministre, ni conseiller d'Etat, ni pair de France, ni membre de la chambre des députés. (Vous n'auriez pas dénoncé, si vous eussiez été quelque chose de tout cela.) « Je suis un simple » gardeur de troupeaux, jeté *par les événemens* sur la » cime des montagnes. Mes vieilles mains, qui manient » tantôt la charrue, tantôt la plume, allignent mieux » peut-être des sillons que des phrases. » Cela peut être, Monsieur ; l'on n'a pas tous les talens ; vous pouvez vous entendre admirablement en agriculture, et peu en style et en éloquence. Vous pouvez avoir fait, dans

____

(1) *Dén.*, p. 65.

votre jeunesse, quelqu'impression heureuse, au milieu
d'une assemblée celèbre. La cause sainte qu'on défen-
dait, l'énergie des sentimens, les droits qu'a l'improvi-
sation à notre indulgence, font passer sur bien des
choses; et ce succès ne prouverait pas que vous êtes
aujourd'hui un bon écrivain. Quand j'entends un des
rédacteurs du journal des *Débats*, pour l'honneur de
la France et des lettres, vous mettre sans façon à côté
de M. de Chateaubriant, je me demande si ce journal
a abjuré le goût dont il a fait une si belle et si longue
profession, comme il a incontestablement abjuré les
pures doctrines et la défense honorable de la religion.

Si j'exerce à votre égard, Monsieur le Comte, une
juste et exacte sévérité, ne pensez point que je sois du
nombre de ces hommes qui, par une triste préven-
tion, estiment qu'il n'existe pas des talens distingués
et sublimes parmi leurs contemporains, et qui voudraient déshériter et détrôner leur siècle pour la plus
grande gloire des autres. Non, Monsieur, si vous aviez
un vrai talent pour écrire, si vous étiez heureux à
trouver des formes de langage riches, élégantes, vives,
délicates, gracieuses, j'en conviendrais, en souhaitant
que vous n'en fissiez jamais qu'un digne usage. J'aime
trop ma patrie pour ne lui pas voir, avec joie, enfanter
des grands hommes, et être fidèle à ses traditions de
gloire.

Ainsi, pour nous renfermer dans ce quart de siècle
déjà écoulé, nous les admirons et ils resteront, les ouvrages de ce génie noble, brillant, facile, poétique,

sublime, en qui la science et l'érudition, loin de tuer les graces, les nourrissent et les font croître ; qui a défendu avec éclat les deux légitimités du ciel et de la terre, je veux dire la religion de J. C., dont il a en quelque sorte révélé les beautés à un siècle frivole ; et la dynastie des Bourbons, dont il a montré si éloquemment et les services, et les bienfaits, et la gloire ; écrivain-roi, qui pourrait se consoler, avec toutes les palmes du talent, avec toutes les roses de l'imagination, d'avoir laissé échapper cette couronne entremêlée de lauriers et d'épines, qui couvre le front sévère des habiles ministres et des laborieux diplomates.

Nous les admirons et ils resteront, les ouvrages de cet écrivain mâle et nerveux ; chevalier, comme le premier, des doctrines chrétiennes et monarchiques ; qui a, du côté de la méditation et de la profondeur, ce que son rival possède en magnificence et en grâce ; qui appelle sans cesse l'expérience des siècles antiques au secours de ce jeune siècle qui nous entraîne ; et, en faisant l'éloge des anciens, en nous rattachant sans cesse à nos pères, a le plus appliqué d'idées neuves et frappantes à notre situation morale et politique.

Nous les admirons, et ils seront lus après nous, les livres de ce penseur, un peu étranger par sa naissance, mais si français par sa langue, son admiration pour la France, la vivacité et la brusquerie de son esprit ; qui a marqué d'un burin si énergique notre révolution coupable, et pour nous consoler, a si bien prophétisé notre belle restauration ; qui a dit que l'exagération est le

mensonge des honnêtes gens, et qui prouve quelquefois qu'il est honnête homme; qui, enfin, malgré quelques excès d'imagination et quelqu'intempérance de
génie, est resté, par la pureté de ses intentions et la vivacité de sa foi, un très-orthodoxe écrivain.

Nous admirons et relirons encore les ouvrages d'un
autre athlète qui s'annonça par des éloges pleins de
goût; dont la révolution avait muri le talent, comme
chez d'autres elle a muri la vertu; qui, depuis nos malheurs, avait fait comme un combat de chacune de ses
compositions, dont la prose, forte, pressée, pleine de
choses, marchait continuellement à son but; qui éclai-
rait la France en instruisant son troupeau, mais, surtout, qui nous a fait trembler sur les dangers des mauvais livres et de ces doctrines empoisonnées, qui,
semées de toutes parts dans le corps social, y laissent des
germes de corruption et de mort.

Nous admirons et relirons les écrits de cet autre prélat qui, dans un siècle dégouté de l'irréligion par ses
malheurs, mais ignorant de nos preuves et de nos titres,
a su les mettre à la portée d'un public avide de les connaître; exciter une singulière émulation dans le cœur
de la jeunesse pour la vérité et pour la vertu, comme
d'autres l'auraient réveillée pour le plaisir ou pour la
gloire; dont les discours, qui n'avaient point eu chez
nous de modèles, forment une défense méthodique et
lumineuse de la religion, le plaidoyer le plus utile de
la foi; et qui, sans être étranger aux agrémens et à l'élégance du langage, semble se créer des ornemens de la

vérité des principes, de la sagesse des doctrines, et
de la noblesse des sentimens.

Nous le lirons et nous l'accompagnerons aussi de nos
hommages, ce génie fier, ardent, impétueux, qui veut,
avec un principe fécond, essayer de soutenir le genre
humain dont il déplore la dégradation, la société dont
il entrevoit la chute ; nous pouvons ne point adopter
tous ses systêmes, n'être pas frappé de toutes ses ter-
reurs, mais nous n'en reconnaissons pas moins la hau-
teur de ses regards intellectuels, la force entraînante
de sa dialectique, ses coups de pinceau hardis, ses
figures neuves et sublimes ; et, s'il n'emporte pas toujours notre adhésion, il entraîne au moins notre admiration et nos louanges.

Ah ! nous le lirons, ce Marchangy, si vite enlevé à
notre estime et à nos espérances, qui savait mêler
aux austères investigations de la jurisprudence et des
lois, les recherches de nos glorieuses annales et les
jeux de l'imagination la plus riante ; qui a choisi pour
les peintres et les poètes, ce que notre vieille France,
si mal appréciée, offre de tableaux héroïques, de scènes
majestueuses ou tendres ; qui nous fait faire, au qua-
torzième siècle, un voyage si étranger dans notre propre
pays ; et en dénonçant, dans des temps si voisins du
nôtre, de véritables conspirateurs, a si bien mérité et
de la patrie et de l'éloquence.

Voilà des hommes avec qui nous avons vécu et qui
ont des droits incontestables à nos éloges, et comme
auteurs, et comme citoyens ; nous ne parlons point des

historiens, des poètes, ni de beaucoup d'autres français remarquables par leur talent et leur caractère ; mais nous voyons avec joie que tous ces nobles écrivains ont eu des sentimens monarchiques et chrétiens, et que leur génie a puisé largement à cette source féconde de toutes les beautés intellectuelles comme de toutes les sublimes actions ; tous ont cherché à étendre l'empire de la croyance et des affections religieuses ; vous êtes venu, Monsieur, pour les glacer ces généreux sentimens, pour les comprimer, pour les faire périr ; heureusement la Providence n'a point permis que des mains habiles se soient employées à ce triste ouvrage ; vous avez marié un dessein coupable à un médiocre et pâle talent ; nous aurions préjugé d'avance des fruits misérables qu'ils pouvaient enfanter.

Je n'en suis pas moins,

Monsieur le Comte,

Votre respectueux et dévoué compatriote.

F. C.

A MOULINS, CHEZ P.-A. DESROSIERS, IMP.-LIB.